Wirtschaft kompetent

Prüfungsvorbereitung mit eTraining

Ernst Klett Verlag
Stuttgart · Leipzig · Dortmund

1. Auflage 1 5 4 3 2 1 | 27 26 25 24 23

Autoren: Regierungspräsidium Stuttgart Abteilung Schule und Bildung

Entstanden in Zusammenarbeit mit dem Projektteam des Verlages.

Gestaltung: normaldesign GbR, Maria und Jens-Peter Becker, Schwäbisch Gmünd
Umschlaggestaltung: normaldesign GbR, Maria und Jens-Peter Becker, Schwäbisch Gmünd
Titelbild: Getty Images, München (Westend61), **U1.1**; ShutterStock.com RF, New York (Cookie Studio), **U1.2**;
Satz: Satzkiste GmbH, Stuttgart
Druck: Plump Druck & Medien GmbH, Rheinbreitbach

Printed in Germany
ISBN 978-3-12-883547-1

9 783128 835471

Inhaltsverzeichnis

1 Übungsprüfungen

Übungsprüfung 1: Sommer 2022

WK 1: Originalprüfung
- Aufgabenteil 4
- Arbeitsteil 5
- Hilfen zur Bearbeitung und Auswertung 7

WK 2: Originalprüfung
- Aufgabenteil 8
- Arbeitsteil 9
- Hilfen zur Bearbeitung und Auswertung 11

Übungsprüfung 2: Winter 2022/2023

WK 1: Originalprüfung
- Aufgabenteil 12
- Arbeitsteil 14
- Hilfen zur Bearbeitung und Auswertung 16

WK 2: Originalprüfung
- Aufgabenteil 17
- Arbeitsteil 19
- Hilfen zur Bearbeitung und Auswertung 21

2 Methodentraining

- Einen Gesetzestext anwenden – Mitbestimmungsrechte 22
- Einen Gesetzestext anwenden – Widerrufsrecht 24
- Eine Grafik auswerten 26
- Einen Text auswerten 27

Lösungen

- Lösungen zu den Übungsprüfungen im digitalen Bestandteil der Prüfungsvorbereitung
- Lösungen zum Methodentraining 28

Anhang

- Liste der Operatoren hintere Umschlagseite

1.3 Jürgen Munk arbeitet seit drei Monaten bei seinem neuen Arbeitgeber. Er kommt mehrfach zu spät zur Arbeit. Er befürchtet gekündigt zu werden. Sein Kollege meint, dass für das Unternehmen und dessen Mitarbeiter der allgemeine Kündigungsschutz gilt.
Erklären Sie mithilfe des Gesetzes (Anlage 2), ob der Kollege recht hat.

1.4 Vom Autohaus Bieger erhält Jürgen Munk ein Finanzierungsangebot für einen Jahreswagen in Höhe von 11.300,00 €. Der effektive Jahreszins beträgt 2,8 %. Zusätzlich bekommt er noch eine kostenlose Fahrzeuginspektion. Die Laufzeit beträgt 48 Monate.
Seine Hausbank macht ihm folgendes Angebot über einen Ratenkredit:

Kreditbetrag	11.300,00 €
Effektiver Jahreszins	3,0 %
Laufzeit	36 Monate

- *Vergleichen* Sie die zwei Angebote anhand von zwei Merkmalen.

- *Treffen Sie eine begründete Entscheidung*, welches Finanzierungsangebot Jürgen Munk wählen sollte.

1.5 Für den Autokredit werden von Jürgen Munk Sicherheiten verlangt.

- *Beschreiben* Sie zwei geeignete Arten von Kreditsicherheiten.

- *Erklären* Sie, warum der Kreditgeber Sicherheiten einfordert.

Inhaltsverzeichnis

1 Übungsprüfungen

Übungsprüfung 1: Sommer 2022

WK 1: Originalprüfung
- Aufgabenteil 4
- Arbeitsteil 5
- Hilfen zur Bearbeitung und Auswertung 7

WK 2: Originalprüfung
- Aufgabenteil 8
- Arbeitsteil 9
- Hilfen zur Bearbeitung und Auswertung 11

Übungsprüfung 2: Winter 2022/2023

WK 1: Originalprüfung
- Aufgabenteil 12
- Arbeitsteil 14
- Hilfen zur Bearbeitung und Auswertung 16

WK 2: Originalprüfung
- Aufgabenteil 17
- Arbeitsteil 19
- Hilfen zur Bearbeitung und Auswertung 21

2 Methodentraining

- Einen Gesetzestext anwenden – Mitbestimmungsrechte 22
- Einen Gesetzestext anwenden – Widerrufsrecht 24
- Eine Grafik auswerten 26
- Einen Text auswerten 27

Lösungen

- Lösungen zu den Übungsprüfungen im digitalen Bestandteil der Prüfungsvorbereitung
- Lösungen zum Methodentraining 28

Anhang

- Liste der Operatoren hintere Umschlagseite

Übungsprüfung 1

WK 1 Die Rolle des Mitarbeiters in der Arbeitswelt aktiv ausüben/Als Konsument rechtliche Bestimmungen in Alltagssituationen anwenden

AUSGANGSSITUATION

Jürgen Munk, 19 Jahre alt, hat seine Berufsausbildung als KFZ-Mechatroniker bei der Müller GmbH abgeschlossen. Leider wurde er von seinem Ausbildungsbetrieb nicht übernommen. Er bewirbt sich deshalb auf eine freie Stelle bei der Sommer OHG (18 Mitarbeiter) und wird eingestellt. Für den Weg zur Arbeit möchte er einen Gebrauchtwagen kaufen.

AUFGABEN

		Punkte
1.1	*Nennen* Sie vier Mindestinhalte, die laut Nachweisgesetz in seinem neuen Arbeitsvertrag enthalten sein müssen.	2
1.2	Nachdem Jürgen Munk seinen schriftlichen Vertrag (5-Tage-Woche) erhalten hat, wundert er sich über die geringe Anzahl von 22 Urlaubstagen. *Begründen* Sie mithilfe des Gesetzes (Anlage 1), warum der Urlaubsanspruch trotzdem den gesetzlichen Vorgaben entspricht.	3
1.3	Jürgen Munk arbeitet seit drei Monaten bei seinem neuen Arbeitgeber. Er kommt mehrfach zu spät zur Arbeit. Er befürchtet gekündigt zu werden. Sein Kollege meint, dass für das Unternehmen und dessen Mitarbeiter der allgemeine Kündigungsschutz gilt. *Erklären* Sie mithilfe des Gesetzes (Anlage 2), ob der Kollege recht hat.	4
1.4	Vom Autohaus Bieger erhält Jürgen Munk ein Finanzierungsangebot für einen Jahreswagen in Höhe von 11.300,00 €. Der effektive Jahreszins beträgt 2,8 %. Zusätzlich bekommt er noch eine kostenlose Fahrzeuginspektion. Die Laufzeit beträgt 48 Monate. Seine Hausbank macht ihm folgendes Angebot über einen Ratenkredit: Kreditbetrag 11.300,00 € Effektiver Jahreszins 3,0 % Laufzeit 36 Monate • *Vergleichen* Sie die zwei Angebote anhand von zwei Merkmalen. • *Treffen Sie eine begründete Entscheidung*, welches Finanzierungsangebot Jürgen Munk wählen sollte.	4
1.5	Für den Autokredit werden von Jürgen Munk Sicherheiten verlangt. • *Beschreiben* Sie zwei geeignete Arten von Kreditsicherheiten. • *Erklären* Sie, warum der Kreditgeber Sicherheiten einfordert.	4
1.6	Jürgen Munk fürchtet sich vor einer Überschuldung. *Nennen* Sie drei Punkte, wie er sich vor einer möglichen Überschuldung schützen könnte.	3

Anlage 1 zu WK 1

Auszug aus dem Bundesurlaubsgesetz (BUrlG)

§ 1 Urlaubsanspruch
Jeder Arbeitnehmer hat in jedem Kalenderjahr Anspruch auf bezahlten Erholungsurlaub.

§ 2 Geltungsbereich
Arbeitnehmer im Sinne des Gesetzes sind Arbeiter und Angestellte sowie die zu ihrer Berufsausbildung Beschäftigten. Als Arbeitnehmer gelten auch Personen, die wegen ihrer wirtschaftlichen Unselbständigkeit als arbeitnehmerähnliche Personen anzusehen sind; für den Bereich der Heimarbeit gilt § 12.

§ 3 Dauer des Urlaubs
Der Urlaub beträgt jährlich mindestens 24 Werktage. Als Werktage gelten alle Kalendertage, die nicht Sonn- oder gesetzliche Feiertage sind.

§ 4 Wartezeit
Der volle Urlaubsanspruch wird erstmalig nach sechsmonatigem Bestehen des Arbeitsverhältnisses erworben.

Anlage 2 zu WK 1

Auszug aus dem Kündigungsschutzgesetz (KSchG)

§ 1 Sozial ungerechtfertigte Kündigungen
(1) Die Kündigung des Arbeitsverhältnisses gegenüber einem Arbeitnehmer, dessen Arbeitsverhältnis in demselben Betrieb oder Unternehmen ohne Unterbrechung länger als sechs Monate bestanden hat, ist rechtsunwirksam, wenn sie sozial ungerechtfertigt ist.
(2) Sozial ungerechtfertigt ist die Kündigung, wenn sie nicht durch Gründe, die in der Person oder in dem Verhalten des Arbeitnehmers liegen, oder durch dringende betriebliche Erfordernisse, die einer Weiterbeschäftigung des Arbeitnehmers in diesem Betrieb entgegenstehen, bedingt ist. [...]

§ 23 Geltungsbereich
(1) [...] Die Vorschriften des Ersten Abschnitts gelten [...] nicht für Betriebe und Verwaltungen, in denen in der Regel fünf oder weniger Arbeitnehmer ausschließlich der zu ihrer Berufsbildung Beschäftigten beschäftigt werden. [...] Bei der Feststellung der Zahl der beschäftigten Arbeitnehmer [...] sind teilzeitbeschäftigte Arbeitnehmer mit einer regelmäßigen wöchentlichen Arbeitszeit von nicht mehr als 20 Stunden mit 0,5 und nicht mehr als 30 Stunden mit 0,75 zu berücksichtigen.

ARBEITSTEIL

1.1 *Nennen* Sie vier Mindestinhalte, die laut Nachweisgesetz in seinem neuen Arbeitsvertrag enthalten sein müssen.

....

....

....

....

1.2 Nachdem Jürgen Munk seinen schriftlichen Vertrag (5-Tage-Woche) erhalten hat, wundert er sich über die geringe Anzahl von 22 Urlaubstagen.
Begründen Sie mithilfe des Gesetzes (Anlage 1), warum der Urlaubsanspruch trotzdem den gesetzlichen Vorgaben entspricht.

....

....

....

....

....

....

1.3 Jürgen Munk arbeitet seit drei Monaten bei seinem neuen Arbeitgeber. Er kommt mehrfach zu spät zur Arbeit. Er befürchtet gekündigt zu werden. Sein Kollege meint, dass für das Unternehmen und dessen Mitarbeiter der allgemeine Kündigungsschutz gilt.
Erklären Sie mithilfe des Gesetzes (Anlage 2), ob der Kollege recht hat.

1.4 Vom Autohaus Bieger erhält Jürgen Munk ein Finanzierungsangebot für einen Jahreswagen in Höhe von 11.300,00 €. Der effektive Jahreszins beträgt 2,8 %. Zusätzlich bekommt er noch eine kostenlose Fahrzeuginspektion. Die Laufzeit beträgt 48 Monate.
Seine Hausbank macht ihm folgendes Angebot über einen Ratenkredit:

Kreditbetrag	11.300,00 €
Effektiver Jahreszins	3,0 %
Laufzeit	36 Monate

- *Vergleichen* Sie die zwei Angebote anhand von zwei Merkmalen.

- *Treffen Sie eine begründete Entscheidung,* welches Finanzierungsangebot Jürgen Munk wählen sollte.

1.5 Für den Autokredit werden von Jürgen Munk Sicherheiten verlangt.

- *Beschreiben* Sie zwei geeignete Arten von Kreditsicherheiten.

- *Erklären* Sie, warum der Kreditgeber Sicherheiten einfordert.

1.6 Jürgen Munk fürchtet sich vor einer Überschuldung.
Nennen Sie drei Punkte, wie er sich vor einer möglichen Überschuldung schützen könnte.

....

....

....

HILFEN ZUR BEARBEITUNG UND AUSWERTUNG

Tipps und Hilfen zur Bearbeitung	
1.1	Nachweisgesetz ▢ S. 63
1.2	• Tipp: Beachten Sie den Hinweis auf die 5-Tage-Woche. • Bundesurlaubsgesetz ▢ S. 26 • Methode „Gesetzestexte anwenden" → S. 22 ff.
1.3	• Tipp: Beachten Sie, was in der Aufgabe über Herrn Munk gesagt wird. • Allgemeiner Kündigungsschutz ▢ S. 72 • Methode „Gesetzestexte anwenden" → S. 22 ff.
1.4	• Tipp zur 1. Teilaufgabe: Schreiben Sie die Informationen aus der Aufgabe übersichtlich auf, z. B. in einer Tabelle. • Tipp zur 2. Teilaufgabe: Hier ist die Begründung wichtig. • Verbraucherdarlehen ▢ S. 186
1.5	• Tipp: In der 1. Teilaufgabe geht es um Kreditsicherheiten bei einem Autokauf. • Kreditsicherheiten ▢ S. 187
1.6	• Tipp: Es geht darum, eine Überschuldung zu vermeiden – nicht darum, was man bei Überschuldung tun soll. • Schuldenfalle ▢ S. 195

Hilfen zur Auswertung		Punkte	Mein Wert
1.1	Für jedes korrekte Stichwort erhalten Sie 0,5 Punkte (insgesamt höchstens zwei).	2	
1.2	Für die Nennung des passenden Paragraphen erhalten Sie zumindest einen Punkt. Wichtiger ist aber die Begründung, warum Herr Munk weniger als 24 Urlaubstage erhalten darf.	3	
1.3	Beide Paragraphen in Anlage 2 enthalten wichtige Informationen, deshalb sollten Sie auf beide eingehen. Nennen Sie auf jeden Fall den konkreten Paragraphen und Abschnitt, auf den Sie sich beziehen.	4	
1.4	Für jede der beiden Teilaufgaben können Sie zwei Punkte erhalten. Bei der 1. Teilaufgabe müssen Sie den Vergleich nicht als Tabelle anlegen, allerdings ist eine Tabelle übersichtlich. In der 2. Teilaufgabe können Sie frei entscheiden, welches Merkmal Sie für entscheidend halten. Wichtig für die volle Punktzahl ist eine sinnvolle Begründung.	4	
1.5	Für jede der beiden Teilaufgaben können Sie zwei Punkte erhalten.	4	
1.6	Für jeden passenden Vorschlag erhalten Sie einen Punkt (insgesamt höchstens drei).	3	
Gesamtpunktzahl		**20**	

WK 2 Wirtschaftliches Handeln in der sozialen Marktwirtschaft beurteilen/Entscheidungen im Rahmen einer beruflichen Selbstständigkeit treffen

AUSGANGSSITUATION

Tom Schulz arbeitet seit fünf Jahren als Bäcker. Sein lang ersehnter Wunsch ist die Selbstständigkeit mit einer eigenen Bäckerei. Er möchte jetzt zügig die Meisterprüfung ablegen. Außerdem hat er 150.000,00 € aus einer Erbschaft zu einem Zinssatz von 0,5 % angelegt. Dieses Geld hat er als Startkapital für sein eigenes Unternehmen geplant.

AUFGABEN

		Punkte
2.1	*Nennen* Sie neben dem Meisterbrief vier weitere persönliche Voraussetzungen, die Tom Schulz als zukünftiger Unternehmer mitbringen sollte.	2
2.2	*Erläutern* Sie zwei Chancen und zwei Gefahren, die mit einer Selbstständigkeit verbunden sind.	4
2.3	Tom Schulz möchte die Rechtsform der Einzelunternehmung für seine Bäckerei wählen. *Beschreiben* Sie die Regelungen für die Einzelunternehmung bei den folgenden Merkmalen: • Geschäftsführung • Mindestkapital • Haftung.	3
2.4	In einer Zeitung entdeckt Tom Schulz eine Karikatur (Anlage 3) und macht sich Sorgen um seine Ersparnisse. • *Definieren* Sie im Zusammenhang mit der Karikatur den Begriff „Inflation". • *Begründen* Sie, ob sich Tom Schulz Sorgen um seine Ersparnisse machen muss.	4
2.5	Tom Schulz macht sich Gedanken, wie die Preise für seine Produkte zustande kommen. • *Ermitteln* Sie unter Verwendung der Tabelle (Anlage 4) grafisch den Gleichgewichtspreis und die Gleichgewichtsmenge für Dinkelbrot. (Verwenden Sie eine sinnvolle Skalierung für die Achsen in Ihrer Zeichnung.) • *Markieren* Sie den Gleichgewichtspreis und die Gleichgewichtsmenge auf den Achsen.	5
2.6	Beim Bäckereigewerbe handelt es sich um die Marktform Polypol. *Beschreiben* Sie zwei weitere Marktformen.	2

Anlage 3 zu WK 2

Zeichner: Kai Felmy

Anlage 4 zu WK 2

Preis	Angebot	Nachfrage
1,80 €	150	2.300
2,20 €	400	2.000
2,70 €	800	1.400
3,10 €	1.300	900
3,50 €	1.800	500
3,80 €	2.100	300

ARBEITSTEIL

2.1 *Nennen* Sie neben dem Meisterbrief vier weitere persönliche Voraussetzungen, die Tom Schulz als zukünftiger Unternehmer mitbringen sollte.

2.2 *Erläutern* Sie zwei Chancen und zwei Gefahren, die mit einer Selbstständigkeit verbunden sind.

2.3 Tom Schulz möchte die Rechtsform der Einzelunternehmung für seine Bäckerei wählen.
Beschreiben Sie die Regelungen für die Einzelunternehmung bei den folgenden Merkmalen:
- Geschäftsführung
- Mindestkapital
- Haftung

2.4 In einer Zeitung entdeckt Tom Schulz eine Karikatur (Anlage 3) und macht sich Sorgen um seine Ersparnisse.

- *Definieren* Sie im Zusammenhang mit der Karikatur den Begriff „Inflation".

- *Begründen* Sie, ob sich Tom Schulz Sorgen um seine Ersparnisse machen muss.

2.5 Tom Schulz macht sich Gedanken, wie die Preise für seine Produkte zustande kommen.

- *Ermitteln* Sie unter Verwendung der Tabelle (Anlage 4) grafisch den Gleichgewichtspreis und die Gleichgewichtsmenge für Dinkelbrot. (Verwenden Sie eine sinnvolle Skalierung für die Achsen in Ihrer Zeichnung.)
- *Markieren* Sie den Gleichgewichtspreis und die Gleichgewichtsmenge auf den Achsen.

2.6 Beim Bäckereigewerbe handelt es sich um die Marktform Polypol.
Beschreiben Sie zwei weitere Marktformen.

HILFEN ZUR BEARBEITUNG UND AUSWERTUNG

Tipps und Hilfen zur Bearbeitung	
2.1	• persönliche Voraussetzungen für Gründer 📖 S. 265
2.2	• Tipp: Sie sollen die Chancen und Gefahren nicht nur aufzählen, sondern müssen sie begründen oder ein Beispiel nennen. Dabei geht es nicht um das Beispiel von Tom Schulz, sondern allgemein um die Chancen und Gefahren der Selbstständigkeit. • Chancen und Risiken 📖 S. 277
2.3	• Rechtsform Einzelunternehmung 📖 S. 285
2.4	• Tipp zur 1. Teilaufgabe: Das Monster in der Karikatur macht eine Wirkung der Inflation deutlich. • Tipp zur 2. Teilaufgabe: Beachten Sie die Höhe der Inflation (siehe Karikatur). • Inflation 📖 S. 224 f.
2.5	• Tipp: In der 1. Teilaufgabe sollen Sie die Werte aus der Tabelle als Grafik darstellen. Teilen Sie sich den Platz auf der x-Achse (waagerecht) gut ein! • Gleichgewichtspreis 📖 S. 207
2.6	• Marktformen 📖 S. 208

Hilfen zur Auswertung		Punkte	Mein Wert
2.1	Für jede passende persönliche Voraussetzung gibt es 0,5 Punkte (insgesamt maximal zwei). Beachten Sie: In der Aufgabe wird nach persönlichen Voraussetzungen gefragt, nicht nach rechtlichen.	2	
2.2	Für jede Chance und jede Gefahr inklusive Begründung erhalten Sie einen Punkt (insgesamt maximal vier).	4	
2.3	Für jedes der drei Merkmale, das Sie richtig beschreiben, erhalten Sie jeweils einen Punkt.	3	
2.4	Für jede der beiden Teilaufgaben können Sie zwei Punkte erhalten. Bei der 1. Teilaufgabe sollten Sie Fachbegriffe wie Preisniveau, Kaufkraft, Geldwert o. Ä. benutzen.	4	
2.5	In der 1. Teilaufgabe bekommen Sie einen Punkt für die korrekte Zeichnung des Koordinatensystems, einen weiteren jeweils für das korrekte Einzeichnen der Angebots- und der Nachfragekurve (insgesamt maximal drei). In der 2. Teilaufgabe müssen Sie den Punkt, an dem sich die beiden Kurven schneiden, mit der x-Achse bzw. der y-Achse verbinden. Haben Sie die Werte korrekt markiert, bekommen Sie für jeden Wert noch mal einen Punkt.	5	
2.6	Für jede richtig beschriebene Marktform erhalten Sie einen Punkt (insgesamt maximal zwei). In Ihrer Beschreibung müssen die Begriffe „Anbieter" und „Nachfrager" vorkommen.	2	
Gesamtpunktzahl		**20**	

Übungsprüfung 2

WK 1 Die Rolle des Mitarbeiters in der Arbeitswelt aktiv ausüben/Als Konsument rechtliche Bestimmungen in Alltagssituationen anwenden

AUSGANGSSITUATION

Ihr Freund Linus Maier (16 Jahre alt) zeigt Ihnen stolz den Entwurf seines Berufsausbildungsvertrags. Hierin steht unter anderem, dass er auch in der Berufsschule ausgebildet wird. Er stellt sich die Frage, ob das wirklich nötig ist. Er wird gebeten, den Berufsausbildungsvertrag auch von seinen Eltern unterschrieben zurückzusenden. Des Weiteren bittet ihn der Ausbildungsbetrieb um die Mitteilung seiner Bankverbindung. Da Linus Maier noch kein Girokonto besitzt, ist er auf der Suche nach einem geeigneten Konto.

AUFGABEN

		Punkte
1.1	*Beschreiben* Sie Herrn Maier zwei Aufgaben der Berufsschule in der dualen Berufsausbildung.	2
1.2	Neben der Berufsschulpflicht hat Linus Maier weitere Pflichten in der Berufsausbildung. *Nennen* Sie 4 weitere Pflichten.	2
1.3	*Prüfen* Sie mithilfe des Bürgerlichen Gesetzbuchs (Anlage 1), ob Linus Maier die Unterschrift seiner Eltern für den Berufsausbildungsvertrag benötigt.	4
1.4	Herr Maier schickt Ihnen einen Link zu einem Konto-Vergleichsportal (Anlage 2) und bittet Sie, ihn bei der Wahl eines Girokontos zu beraten. • *Erklären* Sie, warum für eine berufliche Tätigkeit ein Girokonto wichtig ist. • *Empfehlen* Sie Herrn Maier anhand von 3 Merkmalen ein geeignetes Girokonto.	5
1.5	Alle zur Auswahl stehenden Banken bieten die Möglichkeit des Onlinebanking an. *Erklären* Sie zwei Gefahren, die beim Onlinebanking auftreten können.	2
1.6	Kurz nach Beginn der Berufsausbildung teilt Herr Maier seinem Ausbilder mit, dass diesen Mittwoch der Unterricht bereits nach der 6. Stunde endet und am Donnerstag die ersten beiden Stunden entfallen. Sein Ausbilder antwortet: „Dann kommen Sie doch bitte am Mittwoch nach Schulschluss von 13:15 Uhr bis 16:00 Uhr zur Arbeit und am Donnerstag vor der Schule von 7:00 Uhr bis 9:00 Uhr." • *Ändern* Sie den Wochenplan von Linus Maier (Anlage 3) entsprechend der Angaben aus dem obigen Text *ab*. (Übertragen Sie dazu die grau hinterlegten Felder auf Ihr Arbeitsblatt.) • *Prüfen* Sie mithilfe des Jugendarbeitsschutzgesetzes (Anlage 4), ob der neue Arbeitsplan den gesetzlichen Vorgaben entspricht.	5

Anlage 1 zu WK 1

Auszug aus dem Bürgerlichen Gesetzbuch (BGB)

§ 104 Geschäftsunfähigkeit
Geschäftsunfähig ist:
1. wer nicht das siebente Lebensjahr vollendet hat,
2. wer sich in einem die freie Willensbestimmung ausschließenden Zustand krankhafter Störung der Geistestätigkeit befindet, sofern nicht der Zustand seiner Natur nach ein vorübergehender ist.

§ 106 Beschränkte Geschäftsfähigkeit Minderjähriger
Ein Minderjähriger, der das siebente Lebensjahr vollendet hat, ist nach Maßgabe der §§ 107 bis 113 in der Geschäftsfähigkeit beschränkt.

§ 107 Einwilligung des gesetzlichen Vertreters
Der Minderjährige bedarf zu einer Willenserklärung, durch die er nicht lediglich einen rechtlichen Vorteil erlangt, der Einwilligung seines gesetzlichen Vertreters.

Anlage 2 zu WK 1

Girokonto: Angebotsvergleich

Anbieter / Merkmale	DIE-BANK Direktbank	Sparbank Comfort-Plus-Konto	Deutschland-Bank
Kontoführung	Kostenlose Kontoführung: Die monatliche Grundgebühr entfällt bei einem Geldeingang von mindestens 700,00 €/Monat, sowie bedingungslos für Kunden unter 21 Jahren.	Komfortabler All-inclusive-Service: Alle Kosten sind mit der monatlichen Grundgebühr abgedeckt. Für Studierende und Auszubildende bis 25 Jahre kostenlos.	Kostenlose Kontoführung: Die monatliche Grundgebühr entfällt bei einem Geldeingang von 1.500,00 €/Monat.
Monatliche Grundgebühr	2,50 €	12,50 €	2,50 €
Girocard	1,50 €/Monat	kostenlos	kostenlos
Bargeld-Abhebung per Girocard	Kostenlos Geld abheben an rund 6.500 Geldautomaten deutschlandweit.	Kostenlos Geld abheben an rund 17.800 Geldautomaten deutschlandweit.	Kostenlos Geld abheben an rund 17.500 Geldautomaten deutschlandweit.
Zahl der Filialen	0 (nur online)	8.370	10.150
Besonderheiten	Bonus bei Vertragsabschluss: 50,00 €		Bei Weiterempfehlung einmalig 50,00 € Prämie sichern

Anlage 3 zu WK 1

Arbeitsplan Linus Maier

Montag	Dienstag	Mittwoch			Donnerstag			Freitag
Lager 06:00 – 15:00	Lager 11:00 – 19:00	07:30 – 09:00	1.–2.	X	07:30 – 09:00	1.–2.	X	Lager 06:00 – 15:00
		09:30 – 11:00	3.–4.	X	09:30 – 11:00	3.–4.	X	
		11:15 – 12:45	5.–6.	X	11:15 – 12:45	5.–6.	X	
		13:30 – 15:00	7.–8.	X	13:30 – 15:00	7.–8.	–	

Anlage 4 zu WK 1

Auszug aus dem Jugendarbeitsschutzgesetz (JArbSchG)

§ 8 Dauer der Arbeitszeit
(1) Jugendliche dürfen nicht mehr als acht Stunden täglich und nicht mehr als 40 Stunden wöchentlich beschäftigt werden. [...]

§ 9 Berufsschule
(1) Der Arbeitgeber hat den Jugendlichen für die Teilnahme am Berufsschulunterricht freizustellen. Er darf den Jugendlichen nicht beschäftigen

1. vor einem vor 9 Uhr beginnenden Unterricht; dies gilt auch für Personen, die über 18 Jahre alt und noch berufsschulpflichtig sind,
2. an einem Berufsschultag mit mehr als fünf Unterrichtsstunden von mindestens je 45 Minuten, einmal in der Woche [...]

(2) Auf die Arbeitszeit des Jugendlichen werden angerechnet

1. Berufsschultage nach Absatz 1 Satz 2 Nummer 2 mit der durchschnittlichen täglichen Arbeitszeit,
2. Berufsschulwochen nach Absatz 1 Satz 2 Nummer 3 mit der durchschnittlichen wöchentlichen Arbeitszeit,
3. im Übrigen die Unterrichtszeit einschließlich der Pausen. [...]

§ 13 Tägliche Freizeit
Nach Beendigung der täglichen Arbeitszeit dürfen Jugendliche nicht vor Ablauf einer ununterbrochenen Freizeit von mindestens 12 Stunden beschäftigt werden.

ARBEITSTEIL

1.1 *Beschreiben* Sie Herrn Maier zwei Aufgaben der Berufsschule in der dualen Berufsausbildung.

....

....

....

1.2 Neben der Berufsschulpflicht hat Linus Maier weitere Pflichten in der Berufsausbildung.
Nennen Sie 4 weitere Pflichten.

....

....

1.3 *Prüfen* Sie mithilfe des Bürgerlichen Gesetzbuchs (Anlage 1), ob Linus Maier die Unterschrift seiner Eltern für den Berufsausbildungsvertrag benötigt.

....

....

....

1.4 Herr Maier schickt Ihnen einen Link zu einem Konto-Vergleichsportal (Anlage 2) und bittet Sie, ihn bei der Wahl eines Girokontos zu beraten.

- *Erklären* Sie, warum für eine berufliche Tätigkeit ein Girokonto wichtig ist.

....

....

- *Empfehlen* Sie Herrn Maier anhand von 3 Merkmalen ein geeignetes Girokonto.

....

....

....

1.5 Alle zur Auswahl stehenden Banken bieten die Möglichkeit des Onlinebanking an.
Erklären Sie zwei Gefahren, die beim Onlinebanking auftreten können.

1.6 Kurz nach Beginn der Berufsausbildung teilt Herr Maier seinem Ausbilder mit, dass diesen Mittwoch der Unterricht bereits nach der 6. Stunde endet und am Donnerstag die ersten beiden Stunden entfallen. Sein Ausbilder antwortet: „Dann kommen Sie doch bitte am Mittwoch nach Schulschluss von 13:15 Uhr bis 16:00 Uhr zur Arbeit und am Donnerstag vor der Schule von 7:00 Uhr bis 9:00 Uhr."

- *Ändern* Sie den Wochenplan von Linus Maier (Anlage 3) entsprechend der Angaben aus dem obigen Text ab. (Übertragen Sie dazu die grau hinterlegten Felder.)

- *Prüfen* Sie mithilfe des Jugendarbeitsschutzgesetzes (Anlage 4), ob der neue Arbeitsplan den gesetzlichen Vorgaben entspricht.

HILFEN ZUR BEARBEITUNG UND AUSWERTUNG

Tipps und Hilfen zur Bearbeitung	
1.1	• Tipp: Schreiben Sie Ihre Lösung in ganzen Sätzen auf. • Duale Ausbildung ▯ S. 11
1.2	• Tipp: Beim Operator „nennen" genügt eine Aufzählung von Stichpunkten. • Pflichten in der Ausbildung ▯ S. 16
1.3	• Tipp: Achten Sie auf das Alter von Herrn Maier. Beachten Sie, was die drei Paragraphen in Anlage 1 über die verschiedenen Altersstufen sagen, und nennen Sie in Ihrer Antwort jeweils den konkreten Paragraphen, auf den Sie sich beziehen. • Ausbildungsvertrag ▯ S. 11f. • Methode „Gesetzestexte anwenden" → S. 22 ff.
1.4	• Tipp zur 2. Teilaufgabe: Lesen Sie vor allem die Angaben zur Kontoführung in Anlage 2 genau durch. • Girokonto ▯ S. 172
1.5	• Tipp: Schreiben Sie Ihre Lösung in ganzen Sätzen auf. • Onlinebanking ▯ S. 173
1.6	• Tipp: Prüfen Sie, ob Sie die 1. Teilaufgabe richtig gelöst haben, bevor Sie die 2. Teilaufgabe bearbeiten. Sie könnten sonst Folgefehler machen. • Jugendarbeitsschutzgesetz ▯ S. 17 • Methode „Gesetzestexte anwenden" → S. 22 ff.

Hilfen zur Auswertung		Punkte	Mein Wert
1.1	Für jede korrekt beschriebene Aufgabe erhalten Sie einen Punkt. Beim Operator „beschreiben" sollen Sie in vollständigen Sätzen antworten.	2	
1.2	Für jede korrekt genannte Pflicht gibt es 0,5 Punkte (insgesamt maximal zwei).	2	
1.3	Für die korrekte Lösung bekommen Sie zwei Punkte. Für die Begründung inklusive der Nennung der beiden wesentlichen Paragraphen bekommen Sie zwei weitere Punkte.	4	
1.4	Für die 1. Teilaufgabe können Sie maximal zwei Punkte erhalten. Bei der 2. Teilaufgabe können Sie für jedes Merkmal, das Ihre Empfehlung begründet, einen Punkt erhalten.	5	
1.5	Für jede Gefahr, die Sie kurz erklären, erhalten Sie einen Punkt (insgesamt maximal zwei), aber nur, wenn Sie ganze Sätze formuliert haben.	2	
1.6	Für die 1. Teilaufgabe können Sie maximal zwei Punkte und für die 2. Teilaufgabe maximal drei Punkte erhalten. Nennen Sie in der 2. Teilaufgabe die konkreten Paragraphen, mit denen Sie Ihre Antwort begründen.	5	
Gesamtpunktzahl		**20**	

WK 2 Wirtschaftliches Handeln in der Sozialen Marktwirtschaft beurteilen/Entscheidungen im Rahmen einer beruflichen Selbstständigkeit treffen

AUSGANGSSITUATION

Sina Müller hat gerade die Meisterschule Installateur und Heizungsbauer (Sanitär, Heizung, Klima) absolviert. Sie möchte sich nun selbstständig machen. Als Rechtsform hat sie sich für die UG (haftungsbeschränkt) entschieden.
Durch die aktuell hohen Gaspreise entsteht eine hohe Nachfrage an Solar- und Photovoltaikanlagen. Dies bringt Frau Müller dazu, sich auf Solar- und Photovoltaikanlagen zu spezialisieren.
Frau Müllers Kollege, Frank Stein, sieht eine Unternehmensgründung in der derzeitigen Lage kritisch.
Er befürchtet, dass die Wirtschaft aufgrund des sinkenden Bruttoinlandsprodukts und der steigenden Inflation in eine Rezession gerät.

AUFGABEN

		Punkte
2.1	*Begründen* Sie anhand von 3 Merkmalen, warum sich Frau Müller für diese Rechtsform entschieden hat.	3
2.2	Für den Weg in die Selbstständigkeit benötigt Frau Müller Kapital. *Nennen* Sie 4 Punkte, für die sie im Kapitalbedarfsplan Geldbeträge einplanen muss.	2
2.3	*Erklären* Sie anhand eines Vor- und Nachteils, was für und gegen eine Unternehmensgründung in einer Rezession spricht.	3
2.4	Angesichts eines sinkenden Bruttoinlandsprodukts (BIP) kann der Staat konjunkturpolitische Maßnahmen ergreifen. • *Nennen* Sie zwei mögliche Maßnahmen. • *Beschreiben* Sie die beabsichtigte Wirkung dieser Maßnahmen auf den Konjunkturverlauf.	3
2.5	Auf der Suche nach geeigneten Räumen für ihr Unternehmen liegen Frau Müller zwei interessante Standorte vor. (Anlage 5) • *Begründen* Sie anhand von 3 Merkmalen, für welchen Standort sich Frau Müller entscheiden sollte.	4
2.6	In Deutschland wird für 2022 eine Inflationsrate von ca. 8 % vorhergesagt. • *Definieren* Sie den Begriff der Inflation. • *Beschreiben* Sie zwei Ursachen für die aktuelle Inflation. (Anlage 6) • *Beschreiben* Sie die Auswirkung auf den Reallohn und die Konsequenzen für jeden Einzelnen.	5

Anlage 5 zu WK 2

Standort 1	Standort 2
Die Räumlichkeiten sind etwa 20 km von Stuttgart entfernt in einer großen Kreisstadt mit etwa 35.000 Einwohnern. Durch zahlreiche Aktionen der Stadt und des Landkreises wird Umweltschutz immer wichtiger bei der Bevölkerung. Die Werkstatt mit zwei angrenzenden Büroräumen liegt in einem wachsenden Industriegebiet, das durch eine Bundesstraße auch gut an die öffentlichen Verkehrsmittel angebunden ist. Lagerräume können bei Bedarf in kurzer Entfernung angemietet werden. Es gibt 7 weitere Installateurbetriebe, die ebenfalls Solaranlagen verbauen, jedoch nur einen weiteren Betrieb, der sich darauf spezialisiert hat. Die monatliche Miete der Räume beträgt 2.860 € zuzüglich Nebenkosten.	Die Werkstatt mit einem angrenzenden Büroraum und einem großzügigen Lagerraum befindet sich in einer kleineren Gemeinde (12.000 Einwohner), 15 km von Stuttgart entfernt. Die Räumlichkeiten befinden sich in der Nähe des Ortskerns eines Teilortes (4.000 Einwohner) und einer Bushaltestelle. Die Bundesstraße ist in 7 Minuten Autofahrt zu erreichen. Im Ort gibt es 2 weitere Installateurbetriebe, die sich mehr auf den Einbau und die Wartung von öl- oder gasbetriebenen Anlagen spezialisiert haben und einen festen Kundenkreis besitzen. Ein Blick auf die Dächer des Ortes zeigt, dass bisher wenige Haushalte Sonnenenergie nutzen. Die Miete beträgt monatlich 2.535 € zuzüglich Nebenkosten.

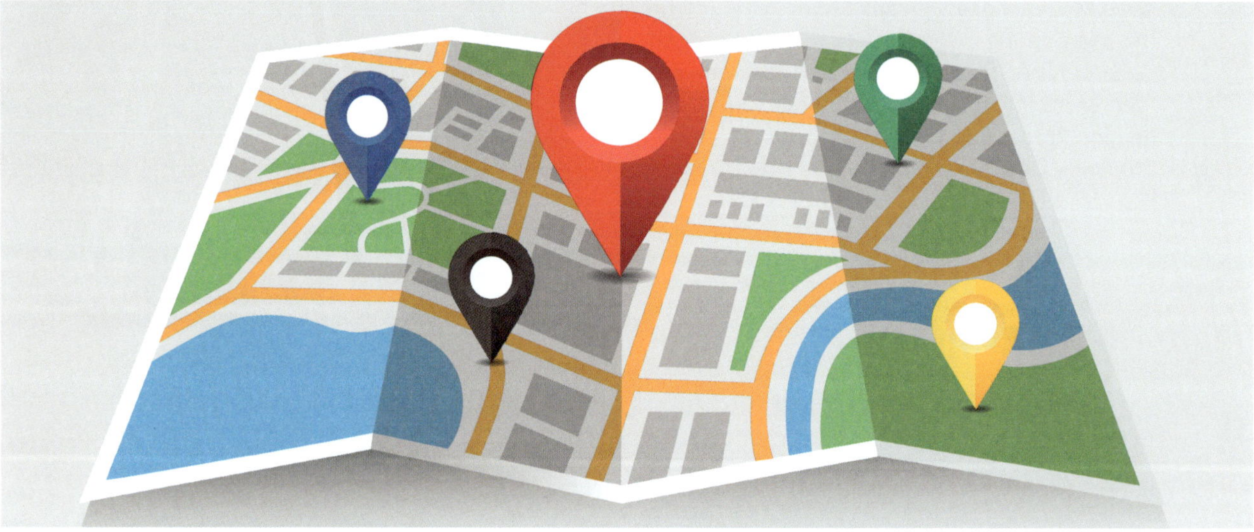

Anlage 6 zu WK2

Warum steigen die Preise?

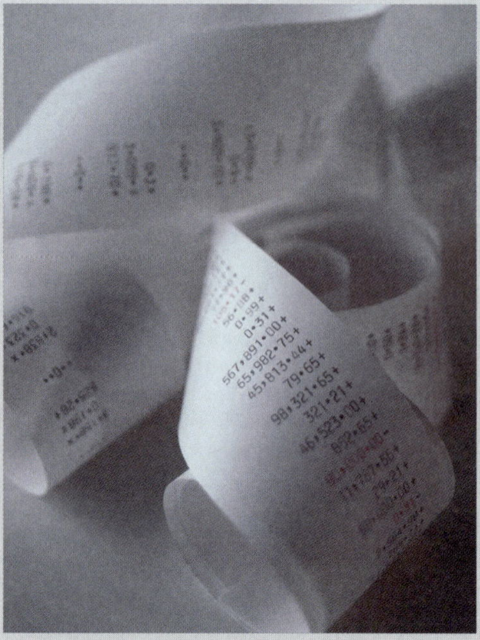

[...] Preissteigerungen können verschiedene Ursachen haben, etwa die Verknappung bestimmter Güter oder Dienstleistungen. Derzeit sind zum Beispiel viele Baustoffe knapp, aber auch Computerchips. Wegen der hohen Nachfrage erhöhen sich die Preise der Produkte. Dieser Preisanstieg wird von den Unternehmen an die Verbraucher weitergegeben. [...]
Schon im Jahresdurchschnitt 2021 hatten sich vor allem die Energieprodukte verteuert – sie legten gegenüber dem Vorjahr deutlich um 10,4 Prozent zu, nach einem Rückgang um 4,8 Prozent im Jahr 2020. Für die Verbraucherinnen und Verbraucher spürbare Preiserhöhungen gab es 2021 vor allem bei leichtem Heizöl und bei Kraftstoffen. Auch die Preise für andere Haushaltsenergie wie Erdgas und Strom erhöhten sich.
Im Jahr 2022 gehen die Preissteigerungen bei Energie weiter. Sie werden zum einen von der weltweiten Konjunkturerholung nach dem wirtschaftlichen Einbruch durch Corona angeheizt. Zudem hat der Krieg in der Ukraine die Preise deutlich anziehen lassen: Öl- und Gaspreise sind nach Kriegsbeginn regelrecht in die Höhe geschossen. [...].

Quelle: www.deutschlandfunk.de/inflation-warum-steigen-die-preise-100.html (30.11.2022; letzter Zugriff: 27.03.2023)

ARBEITSTEIL

2.1 *Begründen* Sie anhand von 3 Merkmalen, warum sich Frau Müller für diese Rechtsform entschieden hat.

2.2 Für den Weg in die Selbstständigkeit benötigt Frau Müller Kapital.
Nennen Sie 4 Punkte, für die sie im Kapitalbedarfsplan Geldbeträge einplanen muss.

2.3 *Erklären* Sie anhand eines Vor- und Nachteils, was für und gegen eine Unternehmensgründung in einer Rezession spricht.

2.4 Angesichts eines sinkenden Bruttoinlandsprodukts (BIP) kann der Staat konjunkturpolitische Maßnahmen ergreifen.

- *Nennen* Sie zwei mögliche Maßnahmen.

- *Beschreiben* Sie die beabsichtigte Wirkung dieser Maßnahmen auf den Konjunkturverlauf.

2.5 Auf der Suche nach geeigneten Räumen für ihr Unternehmen liegen Frau Müller zwei interessante Standorte vor. (Anlage 5)
Begründen Sie anhand von 3 Merkmalen, für welchen Standort sich Frau Müller entscheiden sollte.

2.6 In Deutschland wird eine Inflationsrate für 2022 von ca. 8 % vorhergesagt.

- *Definieren* Sie den Begriff der Inflation.

- *Beschreiben* Sie 2 Ursachen für die aktuelle Inflation. (Anlage 6)

- *Beschreiben* Sie die Auswirkung auf den Reallohn und die Konsequenzen für jeden Einzelnen.

HILFEN ZUR BEARBEITUNG UND AUSWERTUNG

Tipps und Hilfen zur Bearbeitung	
2.1	• Tipp: Hier sind die Vorteile einer UG (haftungsbeschränkt) gefragt. • Unternehmergesellschaft ▯ S.287
2.2	• Businessplan und Kapitalbedarf ▯ S. 268f.
2.3	• Konjunkturzyklus ▯ S. 234
2.4	• Tipp zur 2. Teilaufgabe: Beschreiben Sie nicht die Wirkung einzelner Maßnahmen, sondern das Ziel, das der Staat damit insgesamt verfolgt. • Konjunkturpolitik ▯ S. 234f.
2.5	• Tipp: Markieren Sie im Text die Merkmale der beiden Standorte. • Standortwahl ▯ S. 265
2.6	• Tipp zur 2. Teilaufgabe: Markieren Sie im Text die Ursachen, die genannt werden. Tipp zur 3. Teilaufgabe: Hier wird nach zwei verschiedenen Punkten gefragt. • Methode „Einen Text auswerten" → S. 27 • Inflation ▯ S. 224f.

Hilfen zur Auswertung		Punkte	Mein Wert
2.1	Für jedes passenden Merkmal einer Unternehmergesellschaft erhalten Sie einen Punkt (maximal drei).	3	
2.2	Für jeden korrekten Punkt im Kapitalbedarfsplan gibt es 0,5 Punkte (insgesamt maximal zwei). Als Antwort genügen Stichworte.	2	
2.3	Für die beiden möglichen Auswirkungen einer Rezession auf die Unternehmensgründung erhalten Sie jeweils 1,5 Punkte.	3	
2.4	In der 1. Teilaufgabe erhalten Sie für jede passende konjunkturpolitische Maßnahme einen Punkt (insgesamt maximal zwei). Für die korrekte Beschreibung der Wirkung können Sie noch einmal einen Punkt bekommen.	3	
2.5	Beide Standorte haben Vorteile, daher kommen beide als Lösung in Frage. Wichtig ist, dass Sie drei passende Merkmale aus Anlage 5 als Begründung nennen und Ihre Antwort in ganzen Sätzen formulieren.	4	
2.6	Für die korrekte Definition in der 1. Teilaufgabe erhalten Sie einen Punkt. Benutzen Sie in der Definition möglichst Fachbegriffe. Für jeden zutreffenden Grund in der 2. Teilaufgabe erhalten Sie einen Punkt (insgesamt maximal zwei), ebenso für die Auswirkungen in der 3. Teilaufgabe (insgesamt maximal zwei). In der 3. Teilaufgabe müssen Sie die allgemeine Wirkung der Inflation und dann die konkrete Auswirkung für jeden Einzelnen beschreiben. Für beides können Sie je einen Punkt erhalten.	5	
Gesamtpunktzahl		**20**	

Einen Gesetzestext anwenden – Mitbestimmungsrechte

AUSGANGSSITUATION

Lisa Fischer ist Fachkraft für Metalltechnik und wurde im Frühjahr zur Betriebsrätin in der Schneider Metallbau GmbH, die 152 Mitarbeiterinnen und Mitarbeiter hat, gewählt.

AUFGABE

Die Auftragslage der Schneider Metallbau GmbH ist schlecht und zwingt die Geschäftsleitung zu harten Maßnahmen. Die betroffenen Mitarbeiterinnen und Mitarbeiter fordern Frau Fischer als Betriebsrätin auf, ihre Rechte zu prüfen und gegebenenfalls gegen die betrieblichen Maßnahmen vorzugehen.

- Maßnahme 1: Die Geschäftsleitung verhängt eine Urlaubssperre über den Jahreswechsel.
- Maßnahme 2: Aus Kostengründen wird ein unrentables Zweigwerk geschlossen.

Erklären Sie unter Nennung der Paragraphen, welche Rechte Frau Fischer als Betriebsrätin jeweils geltend machen kann.

1 Lesen Sie die Ausgangssituation und die Aufgabe. Unterstreichen Sie wichtige Informationen.
Notieren Sie dann, welche Fragen mithilfe des Gesetzes geklärt werden sollen.

....

....

....

....

....

2 Lesen Sie die Paragraphen aus dem Betriebsverfassungsgesetz (BetrVG). Unterstreichen Sie die Textstellen, die sich auf die Fragen von Aufgabe 1 beziehen.

Betriebsverfassungsgesetz (BetrVG)

§ 87 Mitbestimmungsrechte

(1) Der Betriebsrat hat, soweit eine gesetzliche oder tarifliche Regelung nicht besteht, in folgenden Angelegenheiten mitzubestimmen:

1. Fragen der Ordnung des Betriebs und des Verhaltens der Arbeitnehmer im Betrieb;
2. Beginn und Ende der täglichen Arbeitszeit einschließlich der Pausen sowie Verteilung der Arbeitszeit auf die einzelnen Wochentage;
3. vorübergehende Verkürzung oder Verlängerung der betriebsüblichen Arbeitszeit; [...]
5. Aufstellung allgemeiner Urlaubsgrundsätze und des Urlaubsplans [...];

So gehen Sie vor:

1 Problem analysieren: Welches Problem soll gelöst werden? Wer will was von dem woraus?
Lesen Sie die **Aufgabe** und die **Ausgangssituation**: Welche Frage soll genau geklärt werden? Welche Informationen werden im Text gegeben, die für die Lösung wichtig sein könnten?

2 Gesetzliche Grundlage bestimmen: Welcher Paragraph regelt was genau?
Lesen Sie das **Gesetz**: Welche Abschnitte beziehen sich auf die Frage, die geklärt werden soll? Werden Bedingungen genannt, die man bei der Antwort beachten muss?

7. Regelungen über die Verhütung von Arbeitsunfällen und Berufskrankheiten [...];
8. Form, Ausgestaltung und Verwaltung von Sozialeinrichtungen, [...].

§ 111 Betriebsänderungen
In Unternehmen mit in der Regel mehr als zwanzig wahlberechtigten Arbeitnehmern hat der Unternehmer den Betriebsrat über geplante Betriebsänderungen, die wesentliche Nachteile für die Belegschaft oder erhebliche Teile der Belegschaft zur Folge haben können, rechtzeitig und umfassend zu unterrichten und die geplanten Betriebsänderungen mit dem Betriebsrat zu beraten. [...] Als Betriebsänderungen im Sinne des Satzes 1 gelten

1. Einschränkung und Stilllegung des ganzen Betriebs oder von wesentlichen Betriebsteilen,
2. Verlegung des ganzen Betriebs oder von wesentlichen Betriebsteilen, [...].

3 Lesen Sie die Textstellen im Gesetz, die Sie markiert haben, genau durch. Fassen Sie jeweils die Hauptaussage zusammen und geben Sie den Paragraphen und Absatz dazu an.

3 Gesetz auf das Problem anwenden: Wer hat welche Rechte oder Ansprüche?
Lesen Sie die passenden **Abschnitte des Gesetzes** genau: Fassen Sie die Hauptaussagen und evtl. Einschränkungen zusammen. Geben Sie den Paragraphen dazu an.

4 Lesen Sie die Fragen durch, die Sie in Aufgabe 1 formuliert haben. Beantworten Sie sie dann mithilfe Ihrer Ergebnisse in Aufgabe 3.

4 Lösung formulieren: Wer hat Anrecht worauf?
Beantworten Sie die Frage, die geklärt werden sollte, und geben Sie die entsprechenden Paragraphen an.

Einen Gesetzestext anwenden – Widerrufsrecht

AUSGANGSSITUATION

Ignacio Pereira, einer der neuen Auszubildenden in Ihrem Betrieb, hat sich für den Weg zur Arbeit einen Elektroroller in einem Onlineshop bestellt.

AUFGABE

Nach der Lieferung des Elektrorollers stellt Ignacio Pereira fest, dass er ihm nicht gefällt. Erklären Sie Herrn Pereira, unter welchen beiden Voraussetzungen er den Elektroroller zurückgeben kann.

1 Lesen Sie die Ausgangssituation und die Aufgabe. Unterstreichen Sie wichtige Informationen.
Notieren Sie dann, welche Fragen mithilfe des Gesetzes geklärt werden sollen.

....

....

....

....

....

2 Lesen Sie die Paragraphen aus dem Bürgerlichen Gesetzbuch (BGB). Unterstreichen Sie die Textstellen, die sich auf die Fragen von Aufgabe 1 beziehen.

Bürgerliches Gesetzbuch (BGB)

§ 312 Widerrufsrecht
(1) Dem Verbraucher steht bei außerhalb von Geschäftsräumen geschlossenen Verträgen und bei Fernabsatzverträgen ein Widerrufsrecht gemäß § 355 zu. [...]

§ 355 Widerrufsrecht bei Verbraucherverträgen
(1) Wird einem Verbraucher durch Gesetz ein Widerrufsrecht nach dieser Vorschrift eingeräumt, so sind der Verbraucher und der Unternehmer an ihre auf den Abschluss des Vertrags gerichteten Willenserklärungen nicht mehr gebunden, wenn der Verbraucher seine Willenserklärung fristgerecht widerrufen hat. Der Widerruf erfolgt durch Erklärung gegenüber dem Unternehmer. Aus der Erklärung muss der Entschluss des Verbrauchers zum Widerruf des Vertrags eindeutig hervorgehen. Der Widerruf muss keine Begründung enthalten. Zur Fristwahrung genügt die rechtzeitige Absendung des Widerrufs.

So gehen Sie vor:

1 Problem analysieren: Welches Problem soll gelöst werden? Wer will was von dem woraus?
Lesen Sie die **Aufgabe** und die **Ausgangssituation**: Welche Frage soll genau geklärt werden?
Welche Informationen werden im Text gegeben, die für die Lösung wichtig sein könnten?

2 Gesetzliche Grundlage bestimmen: Welcher Paragraph regelt was genau?
Lesen Sie das **Gesetz**: Welche Abschnitte beziehen sich auf die Frage, die geklärt werden soll? Werden Bedingungen genannt, die man bei der Antwort beachten muss?

(2) Die Widerrufsfrist beträgt 14 Tage. Sie beginnt mit Vertragsschluss, soweit nichts anderes bestimmt ist.
(3) Im Falle des Widerrufs sind die empfangenen Leistungen unverzüglich zurückzugewähren. [...]

§356 Widerrufsrecht bei außerhalb von Geschäftsräumen geschlossenen Verträgen und Fernabsatzverträgen
(2) Die Widerrufsfrist beginnt [...] bei einem Verbrauchsgüterkauf, [...] sobald der Verbraucher oder ein von ihm benannter Dritter [...] die Waren erhalten hat [...].

3 Lesen Sie die Textstellen im Gesetz, die Sie markiert haben, genau durch. Fassen Sie jeweils die Hauptaussage zusammen und geben Sie den Paragraphen und Absatz dazu an.

3 Gesetz auf das Problem anwenden: Wer hat welche Rechte oder Ansprüche?
Lesen Sie die passenden **Abschnitte des Gesetzes** genau: Fassen Sie die Hauptaussagen und evtl. Einschränkungen zusammen. Geben Sie den Paragraphen dazu an.

4 Lesen Sie die Fragen durch, die Sie in Aufgabe 1 formuliert haben. Beantworten Sie sie dann mithilfe Ihrer Ergebnisse in Aufgabe 3.

4 Lösung formulieren: Wer hat Anrecht worauf?
Beantworten Sie die Frage, die geklärt werden sollte, und geben Sie die entsprechenden Paragraphen an.

Eine Grafik auswerten

Legende

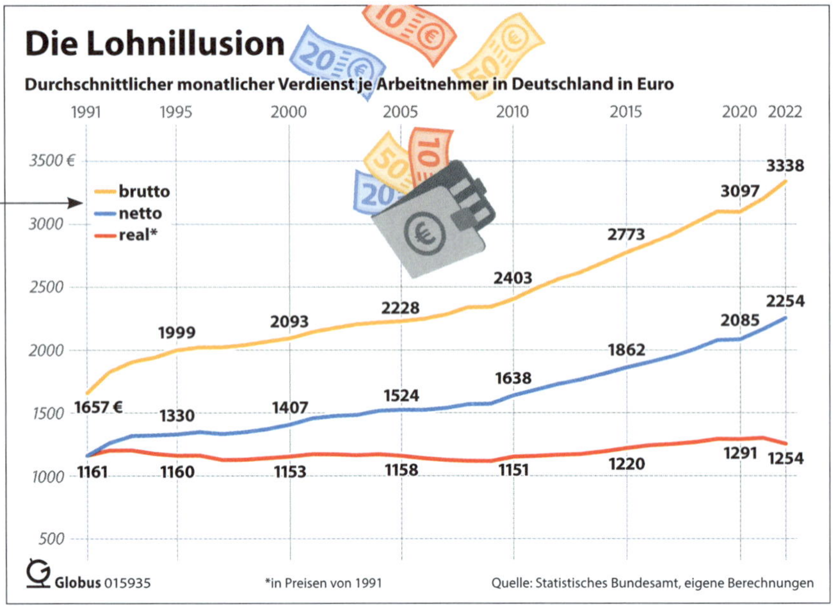

So gehen Sie vor:

1 Beschreiben Sie das Thema der Grafik: Was wird genau dargestellt?

....

....

....

....

1 Thema der Grafik bestimmen
Die wichtigsten Informationen finden Sie in den Überschriften, der Legende und der Beschriftung.

2 Beurteilen Sie die Qualität der Daten und die Zuverlässigkeit der Quelle.

....

....

....

2 Aussagekraft prüfen
Woher stammen die Daten (Umfrage, amtliche Statistik…)?

3 Beschreiben Sie die wichtigsten Entwicklungen, die die Grafik zeigt.

....

....

....

....

....

....

3 Informationen herausarbeiten
Beschreiben Sie Entwicklungen, nennen Sie dabei konkrete Werte (z. B. höchste, niedrigste, Zeiträume…).

4 Erklären Sie die Entwicklung der Reallöhne seit 1991. Nutzen Sie ein Extrablatt.

4 Informationen interpretieren
Hier sind Ihre **Erklärungen**, **Begründungen** oder **Schlussfolgerungen** gefragt.

Einen Text auswerten

Weniger Gründungen größerer Betriebe im Jahr 2022

[...] Das Statistische Bundesamt zählte im vergangenen Jahr etwas mehr als 115.000 Betriebsgründungen, deren Rechtsform und Beschäftigtenzahl auf eine größere wirtschaftliche Bedeutung schließen lassen. Das waren nach Angaben der Wiesbadener Behörde 9,3 Prozent weniger als im stark von der Corona-Krise geprägten Vorjahr und 6,1 Prozent weniger als im Jahr 2019, dem Jahr vor Ausbruch der Pandemie in Deutschland. [...]

Von größerer wirtschaftlicher Bedeutung gehen die Statistiker aus, wenn beispielsweise Arbeitnehmer eingestellt werden oder Chef beziehungsweise Chefin einen Handwerksbrief besitzen. Im Jahr 2022 gaben 89.500 solcher Betriebe hierzulande ihr Gewerbe vollständig auf. Das waren 2,7 Prozent mehr als ein Jahr zuvor und 9,9 Prozent weniger als 2019.

Gestiegen ist dagegen im vergangenen Jahr die Zahl der neu gegründeten Kleinunternehmen. In diesem Bereich zählte das Bundesamt in den zwölf Monaten 138.500 Gewerbeanmeldungen. Das waren 4,9 Prozent mehr als ein Jahr zuvor, aber 15,5 Prozent weniger als im Vor-Pandemie-Jahr 2019. [...]

1 Lesen Sie zuerst die Überschrift genau und überfliegen Sie dann den Text. Fassen Sie Ihren ersten Eindruck zusammen: Worum geht es in diesem Text?

....

....

....

....

2 Lesen Sie jeden Textabschnitt noch einmal genau und schreiben Sie jeweils ein Stichwort oder eine Überschrift auf: Worum geht es in diesem Abschnitt?

....

....

....

....

3 Arbeiten Sie heraus, wie sich die Neugründungen von Betrieben 2022 im Vergleich zu 2021 und 2019 entwickelt haben.

....

....

....

....

....

4 Beurteilen Sie, wie die Entwicklung bei den Neugründungen im Text begründet wird. Nutzen Sie ein Extrablatt.

So gehen Sie vor:

1 Sich einen Überblick verschaffen
Achten Sie beim ersten Lesen nicht auf Einzelheiten, sondern vor allem auf das **Thema** und die **Hauptaussage**. Nutzen Sie dazu die **Überschriften** und **Hervorhebungen** im Text.

2 Den Text gliedern
Finden Sie eine **Überschrift** für jeden Abschnitt oder unterstreichen Sie die wichtigsten **Stichworte**.

3 Die Textstruktur erkennen
Fassen Sie die **Hauptaussagen** zusammen.

4 Die Argumentation beurteilen
Wie gut werden die Aussagen belegt oder begründet?

Lösungen zum Methodentraining

Einen Gesetzestext anwenden – Mitbestimmungsrechte

1 Diese Fragen sollen geklärt werden: 1. Welche Rechte hat der Betriebsrat bei einer Urlaubssperre? 2. Welche Rechte hat er bei einer Betriebsschließung?

2 **§ 87 Mitbestimmungsrechte**
(1) Der Betriebsrat hat, soweit eine gesetzliche oder tarifliche Regelung nicht besteht, in folgenden Angelegenheiten mitzubestimmen:
1. Fragen der Ordnung des Betriebs und des Verhaltens der Arbeitnehmer im Betrieb;
2. Beginn und Ende der täglichen Arbeitszeit einschließlich der Pausen sowie Verteilung der Arbeitszeit auf die einzelnen Wochentage;
3. vorübergehende Verkürzung oder Verlängerung der betriebsüblichen Arbeitszeit; [...]
5. Aufstellung allgemeiner Urlaubsgrundsätze und des Urlaubsplans [...];
7. Regelungen über die Verhütung von Arbeitsunfällen und Berufskrankheiten [...];
8. Form, Ausgestaltung und Verwaltung von Sozialeinrichtungen, [...].

§ 111 Betriebsänderungen
In Unternehmen mit in der Regel mehr als zwanzig wahlberechtigten Arbeitnehmern hat der Unternehmer den Betriebsrat über geplante Betriebsänderungen, die wesentliche Nachteile für die Belegschaft oder erhebliche Teile der Belegschaft zur Folge haben können, rechtzeitig und umfassend zu unterrichten und die geplanten Betriebsänderungen mit dem Betriebsrat zu beraten. [...] Als Betriebsänderungen im Sinne des Satzes 1 gelten
1. Einschränkung und Stilllegung des ganzen Betriebs oder von wesentlichen Betriebsteilen,
2. Verlegung des ganzen Betriebs oder von wesentlichen Betriebsteilen, [...].

3 Der Betriebsrat hat beim Urlaubsplan ein Mitbestimmungsrecht (§ 87 (5)). Bei Betrieben mit mehr als 20 wahlberechtigten Arbeitnehmern muss der Unternehmer den Betriebsrat vor einer Betriebsschließung umfassend informieren und mit ihm beraten. (§ 111 (1)).

4 Laut § 87 (5) hat der Betriebsrat bei der Urlaubssperre ein Mitbestimmungsrecht; hier kann der Arbeitgeber nicht allein entscheiden. Bei der Schließung des Zweigwerks hat der Betriebsrat nach § 111 (1) nur ein Unterrichtungs- und Beratungsrecht, er kann nicht mitentscheiden.

Einen Gesetzestext anwenden – Widerrufsrecht

1 Diese Frage soll geklärt werden: Welche Bedingungen muss man erfüllen, wenn man eine Ware zurückgeben will, die man in einem Onlineshop gekauft hat?

2 **§ 312g Widerrufsrecht**
(1) Dem Verbraucher steht bei außerhalb von Geschäftsräumen geschlossenen Verträgen und bei Fernabsatzverträgen ein Widerrufsrecht gemäß § 355 zu. [...]

§ 355 Widerrufsrecht bei Verbraucherverträgen
(1) Wird einem Verbraucher durch Gesetz ein Widerrufsrecht nach dieser Vorschrift eingeräumt, so sind der Verbraucher und der Unternehmer an ihre auf den Abschluss des Vertrags gerichteten Willenserklärungen nicht mehr gebunden, wenn der Verbraucher seine Willenserklärung fristgerecht widerrufen hat. Der Widerruf erfolgt durch Erklärung gegenüber dem Unternehmer. Aus der Erklärung muss der Entschluss des Verbrauchers zum Widerruf des Vertrags eindeutig hervorgehen. Der Widerruf muss keine Begründung enthalten. Zur Fristwahrung genügt die rechtzeitige Absendung des Widerrufs.
(2) Die Widerrufsfrist beträgt 14 Tage. Sie beginnt mit Vertragsschluss, soweit nichts anderes bestimmt ist.
(3) Im Falle des Widerrufs sind die empfangenen Leistungen unverzüglich zurückzugewähren. [...]

§ 356 Widerrufsrecht bei außerhalb von Geschäftsräumen geschlossenen Verträgen und Fernabsatzverträgen
(2) Die Widerrufsfrist beginnt [...] bei einem Verbrauchsgüterkauf, [...] sobald der Verbraucher oder ein von ihm benannter Dritter [...] die Waren erhalten hat, [...].

3 Eine Bestellung bei einem Onlineshop ist ein Fernabsatzvertrag. Deshalb gilt das Widerrufsrecht nach § 355 (§ 312g). Der Widerruf muss fristgerecht und eindeutig sein, aber er muss keine Begründung enthalten (§ 355 (1)). Der Käufer muss die Ware sofort zurückschicken (§ 355 (3)). Der Käufer hat 14 Tage Zeit für den Widerruf (§ 355 (2)). Die Frist beginnt mit dem Erhalt der Ware (§ 356 (2)).

4 Laut § 312g kann Herr Pereira den Kauf des Rollers widerrufen. Dabei muss er folgende Bedingungen einhalten: Sein Widerruf muss fristgerecht und eindeutig sein § 355 (1) und er muss die Ware sofort zurückschicken § 355 (3). Für den Widerruf hat er 14 Tage Zeit § 355 (2) nach dem Erhalt der Ware (§ 356 (2)).

Eine Grafik auswerten

1 Die Grafik stellt den monatlichen Durchschnittsverdienst eines Arbeitnehmers in Deutschland zwischen 1991 und 2022 dar. Dazu werden in drei Kurven folgende Werte dargestellt: Bruttolohn, Nettolohn und Reallohn (jeweils in Euro).

2 Die Daten stammen aus amtlichen Statistiken und das Statistische Bundesamt ist eine vertrauenswürdige Quelle. Die Datenbasis der Grafik ist also sehr gut.

3 Der Bruttoverdienst (gelb) steigt über den gesamten Zeitraum (1991–2022), von 1.657 € auf 3.338 €. Der Nettoverdienst (blau) steigt ebenfalls, von 1.161 € auf 2.254 €. Der Reallohn (rot) ist dagegen bis 2010 gleichbleibend

bzw. sinkt sogar leicht von 1.161 € auf 1.151 €. Nur 2010 – 2020 steigt er (auf 1.291 €). Ab 2020 steigen Brutto- und Nettoverdienst deutlich, aber der Reallohn fällt wieder (auf 1.254 €).

4 Im Zeitraum zwischen 1991 und 2010 fällt auf, dass Brutto- und Nettoverdienste deutlich steigen, aber die Reallöhne gleichbleiben bzw. sinken. In dieser Zeit war offensichtlich die Inflation so hoch, dass sie das Wachstum des Nettoverdienstes „aufgefressen" hat. Danach sind die Reallöhne bis 2020 leicht gestiegen, wenn auch nicht so stark wie die Nettolöhne. In diesem Zeitraum war offenbar die Inflation so niedrig, dass ein Teil der Nettolohn-Steigerung auch bei den Reallöhnen spürbar wurde. Seit 2020 muss die Inflation wieder stark gestiegen sein, denn die Reallöhne sind gesunken, obwohl Brutto- und Nettoverdienste gewachsen sind.
Die Grafik zeigt deutlich, dass Brutto- und Nettoverdienste allein nicht viel über das reale Lohnniveau aussagen, weil dieses stark von der Inflation beeinflusst wird.

Einen Text auswerten

1 Es geht darum, wie viele Unternehmen 2022 neu gegründet wurden. Dabei werden zwei verschiedene Arten von Unternehmen unterschieden und die Zahlen von 2022 mit den Zahlen der Vorjahre verglichen.

2 1. die Anzahl der Neugründungen von Betrieben mit größerer wirtschaftlicher Bedeutung
2. Definition für „Betrieben mit größerer wirtschaftlicher Bedeutung", Anzahl der Geschäftsaufgaben solcher Betriebe;
3. die Anzahl der Neugründungen von Kleinunternehmen

3 Die Zahl der Neugründungen von größeren Betrieben ist 2022 gegenüber 2021 stark gesunken (um 9,3 %), ebenso gegenüber 2019 (um 6,1 %). Die Anzahl der Neugründung von Kleinbetrieben hat gegenüber 2021 zugenommen (um 4,9 %), gegenüber 2019 jedoch abgenommen (um 15,5 %).

4 Die Entwicklung bei den Neugründungen wird nicht genauer begründet. Nur die Coronakrise wird mehrmals erwähnt; sie soll offensichtlich den Rückgang der Neugründungen erklären. Dies ist aber eine relativ schwache Begründung, weil die Neugründungen bei Kleinunternehmen trotzdem zugenommen haben. Insgesamt liegt der Schwerpunkt des Textes auf der zahlenmäßigen Darstellung der Entwicklung; die Gründe für diese Entwicklung werden kaum behandelt.

Bildquellen:

Avenue Images GmbH, Hamburg (PhotoDisc), **17.1**; creativ collection Verlag GmbH, Freiburg, **18.3**; Felmy, Kai, Büdingen, **8.1**; Getty Images Plus, München (Vetta/londoneye), **4.1**; Getty Images Plus/Microstock, München (AnnaFrajtova), **18.1**; Getty Images, München (Westend61), **U1.1**; Picture-Alliance, Frankfurt/M. (dpa-infografik GmbH), **26.1**; ShutterStock.com RF, New York (Cookie Studio), **U1.2**; stock.adobe.com, Dublin, **12.1**; stock.adobe.com, Dublin (sonjanovak), **24.1**; Thinkstock, München (Wavebreakmedia Ltd.), **22.1**

Textquellen:

Inflation: Warum steigen die Preise? (08.01.2023) Unter: https://www.deutschlandfunk.de/inflation-warum-steigen-die-preise-100.html (Zugriff 27.03.2023, gek.), **18.2**; Weniger Gründungen größerer Betriebe im Jahr 2022. (15.02.2033) Unter: https://www.stuttgarter-zeitung.de/inhalt.unternehmen-weniger-gruendungen-groesserer-betriebe-im-jahr-2022.449541be-e0fd-4155-8425-5ace11f8eb6c.html (Zugriff 22.03.2023, gek.) © dpa Deutsche Presse-Agentur GmbH, **27.1**; § 104, § 106, § 107 Bürgerliches Gesetzbuch (BGB). Unter: https://www.gesetze-im-internet.de/bgb/index.html#BJNR001950896BJNE009503377 (Zugriff 12.12.2022, gek.), **13.1**; § 111 Betriebsverfassungsgesetz (BetrVG). Unter: https://www.gesetze-im-internet.de/betrvg/__111.html (Zugriff 22.03.2023, gek.), **23.1; 28.2**; § 1, § 23 Kündigungsschutzgesetz (KSchG). Unter: https://www.gesetze-im-internet.de/kschg/BJNR004990951.html#BJNR004990951BJNG000100311 (Zugriff 12.12.2022, gek.), **5.2**; § 312g Bürgerliches Gesetzbuch (BGB). Unter: https://www.gesetze-im-internet.de/bgb/__312g.html (Zugriff 22.03.2023, gek.), **24.2; 28.3**; § 355 Bürgerliches Gesetzbuch (BGB). Unter: https://www.gesetze-im-internet.de/bgb/__355.html (Zugriff 22.03.2023, gek.), **24.3; 28.4**; § 356 Bürgerliches Gesetzbuch (BGB). Unter: https://www.gesetze-im-internet.de/bgb/__356.html (Zugriff 20.04.2023, gek.), **25.1; 28.5**; § 87 Betriebsverfassungsgesetz (BetrVG). Unter: https://www.gesetze-im-internet.de/betrvg/__87.html (Zugriff 22.03.2023, gek.), **22.2; 28.1**; § 8, § 9, § 13 Jugendarbeitsschutzgesetz (JArbSchG). Unter: https://www.gesetze-im-internet.de/jarbschg/index.html#BJNR009650976BJNE002801307 (Zugriff 12.12.2022, gek.), **14.1**; §1 - § 4 Bundesurlaubsgesetz (BUrlG). Unter: https://www.gesetze-im-internet.de/burlg/index.html#BJNR000020963BJNE000200314 (Zugriff 12.12.2022, gek.), **5.1**